丽云老师的阅读小学堂

舌尖上的汉语

陈丽云 ◎编著

- 25则美食故事
- 21个部首练习
- 超过30个语文游戏

江西教育出版社
JIANGXI EDUCATION PUBLISHING HOUSE

图书在版编目（ＣＩＰ）数据

舌尖上的汉语 / 陈丽云编著. -- 南昌：江西教育
出版社, 2019.5
（丽云老师的阅读小学堂）
ISBN 978-7-5705-0818-1

Ⅰ. ①舌… Ⅱ. ①陈… Ⅲ. ①汉语－少儿读物 Ⅳ.
①H1-49

中国版本图书馆 CIP 数据核字(2018)第 286203 号

©著作权合同登记：图字 14-2019-0008

舌尖上的汉语
SHEJIAN SHANG DE HANYU

陈丽云　编著

江西教育出版社出版
(南昌市抚河北路 291 号　邮编：330008)
各地新华书店经销
三河市三佳印刷装订有限公司印刷
710 毫米×1000 毫米　16 开本　10.25 印张　字数 79 千
2019 年 5 月第 1 版　2019 年 5 月第 1 次印刷
ISBN 978-7-5705-0818-1
定价：36.00 元

赣教版图书如有印装质量问题，请向我社调换　电话：0791-86710427
投稿邮箱：JXJYCBS@163.com　　　电话：0791-86705643
网址：http://www.jxeph.com

《舌尖上的汉语》

陈丽云

什么？吃美食还能学汉语！

什么？汉语还能在舌尖上！

是的，你没听错！中国是个美食天堂，从世界各地来台的游客，除了爱上中国的自然山水与风土人情外，更让他们念念不忘的，就是中华美食的好味道，那舌尖上的甘甜滋味，那味蕾香醇鲜明的记忆，"美食"已经成为中国的另一个名片。

很多我们平日熟悉的食物，其实都是其来有自，有着特殊典故的，有的跟历史故事有关，有的跟昔日生活文化有关，有的跟当时风土物产有关……你知道"四神汤"是由乾隆皇帝时发明的"四臣汤"流传而来的吗？你知道我们中秋节爱吃的"月饼"跟明朝皇帝朱元璋起义有关吗？你知道"蚂蚁上树"是孝顺媳妇窦娥的血泪故事吗？

我们身处物产丰饶的中国，怎能不认识这些美食文化呢？怎么能不知道食物里蕴含的温暖与爱呢？怎能不让这些悠久的饮食文化继续传承下去呢？

　　于是，《舌尖上的汉语》一书收录了二十五道我们耳熟能详，经常喜爱品尝的美食料理，不仅介绍每一道美食的故事或命名由来，还设计了语文小知识和游戏，让我们可以一边"享受美食"，一边欢乐学语文，这岂不是一举两得？

元宵姑娘的汤圆

汉朝有位大臣东方朔，有天，他发现宫女元宵因为没机会见到家人而在花园哭泣，便上前安慰，并承诺会帮助她。

东方朔对百姓说："玉帝下令正月十五火烧长安。"汉武帝听到谣言，马上问东方朔该怎么办。东方朔说："听说火神爱吃汤圆，让人们在正月十五一起做汤圆、挂灯和放烟火，这样就能让玉帝以为长安失火了。"东方朔让擅长做汤圆的

元宵提着宫灯在街上开路，其他人在后方端着元宵做的汤圆敬奉火神。这个行为不但让元宵见到了家人，大家也因平安无事而欢喜。从此之后，大家便将这天称作"元宵节"。

上海图（汉族）　　　江苏常州多（shutterstock）

家人团圆的汤圆

老一辈的人常说，搓汤圆时，大、小汤圆都要有，大汤圆象征大人，小汤圆则是小孩，大小汤圆都在碗中，就像全家人团圆。

本书每一道名菜都用六页篇幅介绍：前两页解说这道美食的命名缘由与流传的故事，让我们更能深刻理解这道食物的背景，与昔日生活的来龙去脉。在阅读之前，可以先问自己，看到这道美食，你想到哪个故事或名人？这道食物的颜色、香气、味道是怎么样的？你跟谁曾经一起品尝过这道菜吗？当你带着兴趣与好奇走进本书时，这道食物就真的来到你面前了！

第三页是从食物的菜名中，介绍这个字的部首，所选择的都

"卡"字部首

汤圆的"汤"是"水"部，这些"水"部字的字义是不是都有相近的地方呢？让我们来认识它们吧！

汤 指热水或食物煮熟食物所产生的汁液。	**泣** 指低声的哭泣无声或流泪。
洗 用水去除污秽等除去脏污。	**泥** 水和土的混合体。
汁 指物中所含的液体、水分。	

是我们日常生活中最常接触、出现频率最高的字，让我们可以学习后直接运用在生活上。

　　第四、五、六页则是配合前面的阅读后，进入相关的游戏，每一回的设计都不一样，丰富多元又生动有趣，学习程度也由浅入深，让我们不仅能吃美食学语文，还能让语文在舌尖齿颊留香，让文化在心尖上深刻香醇！

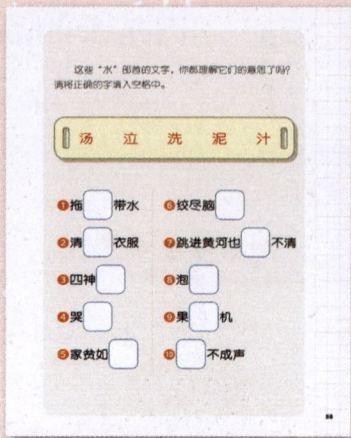

目　次

方便省事的三明治

　　你一定对三明治（Sandwich）这种食物一点都不陌生，不管是早餐店里一个个排列在柜台上，等待上班、上学的人们拿取的活力来源；或者是美式餐厅里切得平整、用料丰富饱满的三明治……这种料理起来很快速、人们携带和品尝都很方便的食物，已经是现代人很熟悉的食物类型。

　　据说这样把面包、肉片、蔬菜、调味酱料等和在一起的这道料理，是源自于

△三明治　　　　　　达志影像（Shutterstock）

英国的 Sandwich 地区，有一位沉迷于扑克牌游戏的伯爵，在餐厅里只顾着打牌，连好好拿餐具吃饭的时间也舍不得浪费，但肚子饿了怎么办？只好请店家把肉片和沙拉夹在面包里，送到他桌边，如此一来，他既能用一手进食，另一手还能继续打牌，其他牌友看了觉得真是太方便了！于是这成了餐厅的一道固定的料理。

因为这种吃法很容易做、节省时间又方便，后来许多人争相模仿。现在几乎世界各地都有这种食品，三明治从此变成一种大受欢迎的餐点名称。

丰富的三明治

三明治的制作，可依个人的喜好，涂抹果酱或夹蔬菜、肉片，让三明治的口感多样而可口。

"一" 字部首

三明治的"三"是"一"部，让我们来认识这些"一"部的字吧！

七 数目名，介于六与八之间。

三 数目名，介于二与四之间。

下 表示方位，位置在低处的。

上 表示方位，位置在高处的。

不 表示相反、否定。

丢 遗失、扔。

这些"一"部首的文字，你都理解它们的意思了吗？请将正确的字填入空格中。

七　三　下　上　丢　不

1 ☐ 垃圾

2 地 ☐ 室

3 ☐ 巧板

4 ☐ 上八下

5 ☐ 言两语

6 ☐ 人现眼

7 天天向 ☐

8 天 ☐ 父母心

9 更 ☐ 一层楼

10 ☐ 管三七二十一

 **"一"字趣味**

老师对十个小朋友说:"请写一个一,再写一个一。"没想到,每个人写出来的答案竟然都不一样,想一想他们是写了哪些字呢?

 **①** 二

 **②**

 **③**

 **④**

 **⑤**

 **⑥**

 **⑦**

 **⑧**

 **⑨**

 **⑩**

加上一笔画

有些汉字加上一笔画后，就会变成另外一个字；加到不同的地方，也会变成不同的字喔！现在请你想想看，下面这些字加上一笔，会变成什么字呢？

① 三 ➡ 　　⑥ 牛 ➡

② 丘 ➡ 　　⑦ 白 ➡

③ 王 ➡ 　　⑧ 木 ➡

④ 人 ➡ 　　⑨ 止 ➡

⑤ 今 ➡ 　　⑩ 去 ➡

和尚的豆腐乳

　　豆腐乳又叫腐乳、酱豆腐，属于传统的家常配菜。豆腐乳可以直接吃，也可以在烹调时作为调味料使用，或是作为蘸酱，例如吃羊肉炉时，习惯用豆腐乳调制成蘸酱，来搭配羊肉块。

　　早期，由于台湾物资缺乏，人们每日早餐经常以自家制作的豆腐乳当作清粥的小菜，但当时的日本人都不太敢吃豆腐乳。直到太平洋战争发生，有一支日本部队行军

8

到人烟罕至的滨海地区，发现洞窟里有一个身强体壮的和尚，正在洞里念诵经文。

△豆腐乳　　　　　　达志影像（Shutterstock）

日军很好奇："在这么偏僻的地方，你吃什么东西过日子呢？"和尚回答："这十几年来我都吃信徒捐献的米饭度日，唯一的配菜就是豆腐乳。"

一名日本军医听了非常惊讶，回国后，开始分析、研究豆腐乳。从此以后，豆腐乳也逐渐在日本传播开来。

豆腐乳

豆腐乳的种类繁多，依颜色区分有红、白、黄等；依所加调味料的不同，又分酒糟腐乳、辣腐乳、五香腐乳等。

"乙" 字部首

豆腐乳的"乳"是"乙（乚）"部，让我们来认识这些字吧！

乳 动物的奶汁。

孔 窟窿、洞穴。

九 介于八与十之间的自然数。阿拉伯数字写作"9"。

乱 没有秩序条理。

乞 索求、讨取。

这些"乙（乚）"部首的字，你都理解它们的意思吗？请将正确的字填入空格中。

乳　九　孔　乱　乞

1 □ 七八糟

2 哺 □ 动物

3 □ 方兄

4 街头 □ 丐

5 □ 霄云外

6 向人 □ 讨

7 无 □ 不入

8 □ 臭未干

9 快刀斩 □ 麻

10 □ 牛二虎之力

"乙" 字趣味

　　评级老是得到乙，怎么办？不要灰心，加上几笔，小鸭就会变天鹅哦！请跟着虚线写出漂亮的"乙"吧！

乙 → 乙 → 乙

🍩 玩具归档

　　每个玩偶和罐子上都有字，现在请你将玩偶连接到适当的罐子上，并在柜子上造出新的一组词语。

| 乳 | 孔 | 乱 | 九 |

| 月 | 流 | 牛 | 庙 |

| 乳 |
| 汁 |

将军的继光饼

继光饼的外形长得像甜甜圈，做法是将面粉加点食盐后揉成面团，经过发酵后，再捏出中间有小圆孔的造型，最后撒上白芝麻，贴在炉壁上烘烤，成为色泽金黄、外脆内软的美食。因为它带点咸味，所以又称为"咸光饼"。

相传它的由来，与明朝大将军戚继光有关。戚继光是明朝对抗日本海盗的将军，当时中国沿海一带常有日本海盗出没。戚继光奉命率领军队前往消灭他们，但是行军不方便携

△继光饼

14

带大量米粮，再加上做饭常花费很多时间，于是戚继光命令士兵用面粉制成北方的烧饼，并在中间打一个洞，以麻绳串起，挂在士兵的身上，作为行军的干粮。

这种烤饼深受戚家军的喜爱，戚家军一边吃它，一边快速行军，成功地歼灭了海盗，立下大功。后来，这种烤饼传入民间，不但广受喜爱，甚至成为祭祀祖先神明的供品。后人为了纪念戚继光，就把这种烤饼称为"继光饼"。

继光饼

一般人都将继光饼视为零食点心，但马祖人却将它当作招待客人的佳肴。他们会把饼从中间切开，再夹菜食用，因此被称为"马祖汉堡"。

继光饼（儿部）

"儿" 字部首

继光饼的"光"是"儿"部，让我们来认识这些字吧！

光 物体发出或反射的明亮现象。

儿 小孩子。

兄 哥哥，或指同辈中比自己年纪大的男性。

哥哥

先 时间或次序在前的。

祖先

充 填满、装满。

元 第一、开始的。

这些"儿"部首的文字，你都理解它们的意思吗？请将正确的字填入空格中。

光　儿　兄　充　元　先

1 至圣 ☐ 师

2 ☐ 童乐园

3 一 ☐ 复始

4 ☐ 耳不闻

5 ☐ 入为主

6 ☐ 天化日

7 滥竽 ☐ 数

8 ☐ 友弟恭

9 行行出状 ☐

10 四海之内皆 ☐ 弟

兔子小姐要回家

兔子小姐要回家，结果回家路途上有好多危险。现在请你来帮忙，只要沿着部首为"儿"部的字走，就能让兔子小姐顺利回到家。

来

光

先

兔

兔

元

内

介

企

充

兄

公

克

今

全

19

四臣汤？
四神汤？

四神汤是一种放入四味中药为基底的汤品，具有食补的功能，但因为制作、取材并不困难，又是一道美味的料理，所以已经成为人们经常饮用的一道汤。就算你没喝过，一定也在夜市里看过专卖四神汤的摊贩。

四神汤是用芡实、莲子、淮山和茯苓这四种中药材，和猪肠或猪肚长时间的熬煮，熬到汤汁色泽白浓，药材与食材软嫩顺口为止。

许多人总以为四神

△四神汤　　　　　　　　　达志影像（Shutterstock）

汤的名称是因为这四种药材的缘故，但有个和乾隆皇帝有关的故事，颠覆了大家的想象。

相传乾隆皇帝某次下江南巡视时，随行的四位大臣因路途颠簸又操劳，因而接连累倒，连随行的御医也找不出原因，束手无策。没想到当地的一位高僧为病人把脉后开出了用这四道药材熬煮猪肚的方子，四位大臣喝完后不久就恢复健康！

乾隆皇帝很高兴，昭告天下："四臣，事成！"后来，每当有官员南巡，都以此药方炖煮食物养身。

从此"四臣汤"在民间广为流传，闽南地区的百姓也爱用这药膳来调理身体。但因为闽南语的"臣"和"神"发音相同，后来改称为"四神汤"了。

"囗" 字部首

四神汤的 "四" 是 "囗" 部，让我们来认识这些 "囗" 部的字吧！

四 数目名，介于三与五之间。

回 答复；回族；归返。

困 穷苦、艰难；包围；疲卷。

园 种植花木、蔬果的地方；休闲的地方。

圆 从中心到周围每一点的距离都相等的形体。

圈 外圆中空的东西；画圈圈做记号；范围。

这些"囗"部首的字，你都理解它们的意思了吗？请将正确的字填入空格中。

四　困　回　圆　元　圈

① 救生 □
② □ 形
③ 妙手 □ 春
④ 儿童乐 □
⑤ 生活 □ 苦

⑥ 尽快 □ 电
⑦ 芝麻汤 □
⑧ 平行 □ 边形
⑨ 国家公 □
⑩ □ 通八达

"口" 字家族集合

　　"口" 有四周封闭、包围的意思，下列这几个字加上口部，会变成什么字，又分别能造出什么词语？请你试着连连看！

四神汤（口部）

木　　　　人　　　　卷　　　　元

圈套

囚犯

困境

花园

看图猜字

请你看看下面两幅图，它们分别是什么字呢？

①

答：☐

②

答：☐

又麻又辣的
麻婆豆腐

19世纪初，四川成都北门外的万福桥头，有一位脸上长满麻子的刘姓妇女，她的丈夫姓陈，所以大家都称她为"陈麻婆"。

陈麻婆和丈夫在万福桥头开了一家名叫"陈兴盛"的餐馆，当时万福桥是油商运油的必经之处，搬运行李、货物的脚夫们常常会到陈兴盛餐馆，点一道价格较低的豆腐来吃，但豆腐吃久了也会感到腻。

有一次，运油的脚夫大方贡献出

菜油，请厨房烧一道
与众不同的豆腐，陈
麻婆就利用手边的辣
椒、豆豉、豆瓣酱、
青蒜、花椒末和黄牛

△麻婆豆腐　　　　　达志影像（shutterstock）

肉末，烧了一道又麻又辣的豆腐佳肴，不仅
豆腐的外形很完整，又有麻、辣、鲜、烫、酥、
嫩的口感，让大家十分喜爱。消息传开后，
大家来到餐馆时，都指定要吃这道陈麻婆烧
的招牌豆腐，并称这道菜肴为"麻婆豆腐"。

麻婆豆腐

　　麻婆豆腐是知名的川菜之一，主要材料有豆腐、
碎牛肉（或碎猪肉）、辣椒和花椒等，突显了川菜麻
辣的特点，滑嫩的豆腐拌饭吃，更让人胃口大开。

"女"字部首

麻婆豆腐的"婆"是"女"部，"女"部首的字大多和女子有关，让我们来认识这些有"女"部首的字吧！

婆 年老的妇女。

妈 对母亲的称呼。

姐 家里孩子中比较年长的女孩。

娃 小孩子、婴儿的俗称。

婚 男女结为夫妇。

这些"女"部首的文字，你都理解它们的意思了吗？请将正确的字填入空格中。

婆　妈　姐　娃　婚

1 小舅 □

2 三姑六 □

3 媒 □

4 两 □ 妹

5 女 □ 儿

6 □ 祖

7 男 □ 女嫁

8 苦口 □ 心

9 指腹为 □

10 表 □

是"绅士"还是"淑女"？

你知道形容词也有"性别"吗？例如"绅士"，这个词原是指"在地方上有地位的人"，后来引申为对优雅男士的尊称，或形容一个（男）人很优雅、有风度。而对娴雅有教养的女士则尊称为"淑女"。

以下的形容词，你能分辨出哪些是男士专用，哪些是女士专用，哪些则不分性别都可以用吗？请把它们填入下方适当的空格中。

选项 英俊　潇洒　端庄　秀气　贤慧

阳刚　体贴　挺拔　贤淑　柔顺

细腻　婉约　英挺　雄壮　温柔

女士专用	男士专用	不分性别

女字交朋友

"女"喜欢交朋友，和许多文字组成新的字。请你想一想，下列哪些文字可以和女字成为好朋友？请将答案写下来。

子

未

波 ＋ 女 ＝

少

也

马

好

爱玉卖果冻

一百多年前，有一个人常常到嘉义买土产。有一次，这个人在去嘉义的路上，因为口很渴，就到溪边找水喝。当他捧起溪水的时候，发现溪水竟然结冻了！他喝下去，觉得非常美味。

"溪水为什么会结冻呢？"他很好奇，东找西找，看到水面上有一些小小的果子，就用手揉一揉，没想到小果子流出了黏黏的汁液！他高兴地把小果子带回家。

△爱玉子　　　　达志影像（shutterstock）

回家后，
他把小果子加
水搓揉，再加
点糖做成果冻，

△爱玉

达志影像（shutterstock）

家人们都觉得好吃。他的女儿爱玉提议："爸
爸，我们不如把这果冻拿去卖吧！"

结果，大家都很喜欢这个女孩卖的果
冻，说："爱玉卖的果冻真好吃啊！"日子
久了，人们就把这种果冻叫做"爱玉"，小
小的果子就叫做"爱玉子"。

爱玉

爱玉是台湾本土植物，果实很像柠檬，里面包着
成千上万颗种子。把种子包在纱布中，用手洗一洗、
搓一搓，就会变成透明、胶状的爱玉冻。

"手" 字部首

要吃到可口的爱玉，需要先用双手搓搓揉揉。"搓"和"揉"都是"手"部，这些"手"部字的字义是不是都有相似的地方呢？让我们来认识它们吧！

抱 用手臂与身体其他部位围住。

拜 表示礼节的行为，如合掌、执香向神明拜拜。

拿 在手里握着、抓着。

掌 手心这一面叫"手掌"。

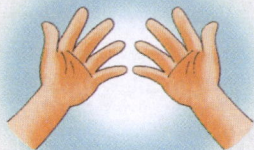

扫 用扫帚等器具除去尘土。

搅 用器具插入液体或松散的物品里旋转、混合。

这些"手"部的文字，你都理解它们的意思了吗?
请将正确的字填入空格中。

抱　拿　掌　扫　拜　揽

1 临时 ☐ 佛脚

2 摩拳擦 ☐

3 ☐ 拌器

4 ☐ 手绝活

5 孤 ☐ 难鸣

6 秋风 ☐ 落叶

7 甘 ☐ 下风

8 打 ☐ 不平

9 十 ☐ 九稳

10 ☐ 师学艺

小偷躲在哪里？

小偷逃走了，他躲到哪里去呢？别着急，只要沿着有"扌"或"手"部首的字走到出口，就能知道小偷躲在哪一间房子里。

抢	狗	拿	抱	找
水	洗	把	伴	掉
干	拉	扮	做	推
拍	拔	车	学	排
花	鸟	码	青	中

入口 →

湖	故	衣	有
生	看	扑	石
马	山	海	洋
指	接	掌	打
成	火	音	图

朱元璋起义与月饼

中秋节让你联想到了什么？嫦娥奔月、吴刚伐树还是玉兔捣药呢？除了这些中国神话，你知道为什么人们习惯在中秋节吃月饼吗？相传这和明朝开国皇帝朱元璋有关。

元朝末年，人们除了在一次次的干旱、水灾和瘟疫肆虐中存活，还得向朝廷交一年比一年重的税，生活过得苦不堪言。因此，越来越多人想要反抗朝廷，朱元璋也是其中一员。

不过，朝廷搜查

△月饼

很严密，使得反抗军很难互通消息。军师刘伯温想了一个办法，朱元璋命令部下把写有"八月十五夜起义"的纸条，藏在点上红点的月饼里，分送给大家吃。为了让每个人都能发现月饼里的秘密，刘伯温派人到处散布谣言："今年冬天将有大灾难，吃了月饼就能消灾解厄。"消息一传十，十传百，人人都吃了月饼，也看到了起义的消息。到了中秋夜，人们齐心打败了元军。

后来，在每年中秋节这一天，大家都会吃月饼来纪念这件事，而吃月饼的习俗就流传下来了。

"月"字部首

月饼的"月"是"月"部，让我们来认识这些"月"部的字吧！

月 | 绕着地球旋转的卫星，月亮。

朝 | 早晨；天；有活力的。

服 | 衣物；听从；钦佩。

朋 | 友人。

朗 | 明亮；声音清脆响亮。

望 | 向远处或高处看；期待。

这些"月"部首的文字，你都理解它们的意思了吗？请将正确的字填入空格中。

月　服　朋　朗　望　朝

1. [　] 远镜
2. [　] 务生
3. 小礼 [　]
4. 呼 [　] 引伴
5. 东张西 [　]

6. 活泼开 [　]
7. 有 [　] 一日
8. [　] 下老人
9. 高 [　] 满座
10. 日 [　] 精华

呼呼北风吹

"咻——咻——咻——"阵阵大风把文字列车上的文字吹散了。请你将下面文字与"月"组成一个新的字，再把它填入车厢空格中，让列车可以顺利行驶吧！

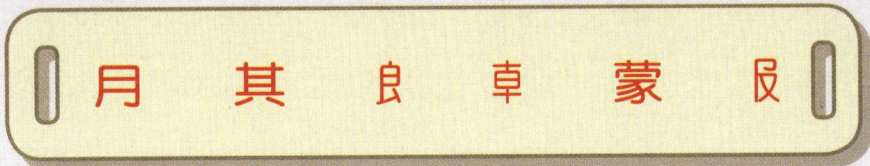

月　其　良　卓　蒙　艮

嫦娥奔月

美丽的嫦娥要奔月了，但是她最近睡眠不足，飞不太起来。现在请你帮帮她，请将部首是"月"的字圈起来，嫦娥就能顺利飞到月球喽！

朝	望	服	朗
朋	肩	期	肚
		背	腊
		有	脚

蚂蚁上树

很久以前，楚州有个女孩名叫窦娥，她和蔡婆婆相依为命。有一天，蔡婆婆病倒了，窦娥为了买最好的药材，花光了所有财产。窦娥想帮蔡婆婆快点恢复健康，去买肉来做顿好吃的，但她口袋里却没有钱了，只好苦苦哀求肉摊的老板，肉摊老板不耐烦地说："没钱付的话，只能给你一小片肉。"

窦娥回到家后，将小肉片切碎和粉丝拌炒，端给蔡婆婆吃，视力不好的蔡婆婆却以为碎小的肉沫是一只只蚂蚁，而感到非常生气。窦娥难过地解释：

"因为没有钱买肉，只好将小肉片切碎炒粉丝。"

蔡婆婆听了窦娥的解释后，感动地说："不要哭了，这么好吃的炒粉丝，就叫'蚂蚁上树'吧！"

这就是"蚂蚁上树"这道菜命名的由来。

肉沫炒粉丝

"蚂蚁上树"是四川人常吃的家常菜，也是代表四川的名菜之一，它的做法是将碎肉、粉丝等食材和香辣的豆瓣酱一起拌炒。

"木" 字部首

　　蚂蚁上树的"树"是"木"部，"木"部的字大多和树木有关，让我们来认识它们吧！

杯 用竹木或陶土加工而成的饮用器具。

椅 有靠背的坐具。

枯 草木失去生机。

枕 睡觉时在头颈部所垫的东西。

杖 用来支撑身体的木棍。

请将这些"木"部首的文字，正确地填入空格中。

杯　椅　枯　枕　杖

① 高 [　] 无忧

② 登山 [　]

③ [　] 弓蛇影

④ 轮 [　]

⑤ 摇 [　]

⑥ 马克 [　]

⑦ [　] 木生花

⑧ 抱 [　]

⑨ 拐 [　]

⑩ [　] 萎

木森林点点名

　　欢迎来到木森林，这里的树木很茂密，现在请你找出树干上有"木"部首的字，并涂上颜色。

尖

树

表

柿

样

校

早

达志影像（shutterstock）

元宵姑娘的汤圆

汉朝有位大臣东方朔，有天，他发现宫女元宵因为没机会见到家人而在花园哭泣，便上前安慰，并承诺会帮助她。

东方朔对百姓说："玉帝下令正月十五火烧长安。"汉武帝听到谣言，马上问东方朔该怎么办。东方朔说："听说火神爱吃汤圆，让人们在正月十五一起做汤圆、挂灯和放烟火，这样就能让玉帝以为长安失火了。"东方朔让擅长做汤圆的

元宵提着宫灯在街上开路，其他人在后方端着元宵做的汤圆敬奉火神。这个行为

△汤圆（元宵）　　　　　　　达志影像（shutterstock）

不但让元宵见到了家人，大家也因平安无事而欢喜。从此之后，大家便将这天称作"元宵节"。

家人团圆的汤圆

老一辈的人常说，搓汤圆时，大、小汤圆都要有，大汤圆象征大人，小汤圆则是小孩，大小汤圆都在碗中，就像全家人团圆。

"水" 字部首

汤圆的"汤"是"水"部，这些"水"部字的字义是不是都有相似的地方呢？让我们来认识它们吧！

汤 指热水或食物烹煮后产生的汁液。

泣 指低声的哭或无声的流泪。

洗 用水或清洁剂除去脏污。

泥 水和土的混合体。

汁 物体中所含的液体、水分。

这些"水"部首的文字，你都理解它们的意思了吗？请将正确的字填入空格中。

汤　泣　洗　泥　汁

1 拖［　　］带水

2 清［　　］衣服

3 四神［　　］

4 哭［　　］

5 家贫如［　　］

6 绞尽脑［　　］

7 跳进黄河也［　　］不清

8 泡［　　］

9 果［　　］机

10 ［　　］不成声

水的世界

　　湖里的小鱼们玩游戏，你一言我一语，造出同"水"部部首的词。现在也请你一起来想想看，有哪些同"水"部部首的词语呢？并填写在下面的水泡里。

范例

海洋

洗____

游____

活____

浪____

流____

汽____

湖＿＿＿

海＿＿＿

水＿＿＿

波＿＿＿

清＿＿＿

淹＿＿＿

泡＿＿＿

沙＿＿＿

方便营养的润饼

有种料理平常只能在特定商家购买，但每当清明时节，商店就会卖起相关的食材，这就是让许多人想起清明也就会一并想起的"润饼"！

相传金门才子蔡复一在明朝担任大官，每天忙着处理公事，几乎没有时间吃饭。

蔡夫人担心丈夫饿坏身体，就想出了一个办法：把面粉加水，搅成糊状，放在热锅上轻轻一抹，做成一张张薄薄的面饼皮，再把各种菜切细煮熟，然后把煮熟的肉

放在面皮上，用手轻轻卷成圆筒状。这样食物既清爽不油腻又有营养。

到了吃饭时间，蔡复一可以一边批阅文书，一边拿着吃。这样不影响工作，又不耽搁用餐。在蔡夫人的照顾和协助下，蔡复每天准时完成皇帝交办的任务。

后来，蔡夫人做薄饼的故事在当地传为美谈，不少地方的百姓每逢过年过节，都要吃润饼。

清明节的应景食物

古书上记载，春天就要吃"春盘"，指的就是润饼，里面的馅料选用春天的食材，切丝包进饼皮，让大家把新鲜吃下肚。此外，清明节不只有润饼，草仔粿也是常见的节庆食物，草仔粿就是用艾草制作的粿类，为扫墓祭品之一。

"水" 字部首

润饼的"润"部首是"水"部，让我们来认识这些"水"部部首的字吧！

沙 细碎的石粒。

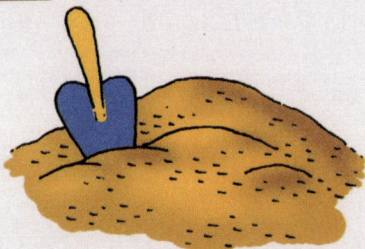

池 地上积水的大坑。

河 水流的通称。

泪 从眼中流出来的液体。

游 在水面上浮行。

泡 浮在水面或空中，含有气体像球的东西。

这些"水"部首的字，你都理解它们的意思吗？请将正确的字填入空格中。

| 沙 | 池 | 河 | 泪 | 游 | 泡 |

❶ 淡水 ☐

❷ 气 ☐

❸ ☐ 坑

❹ 喷水 ☐

❺ 鱼 ☐

❻ 聚 ☐ 成塔

❼ ☐ 眼汪汪

❽ ☐ 沫红茶

❾ 力争上 ☐

❿ 井水不犯 ☐ 水

成语水迷宫

　　河童和海精灵最喜欢玩填字游戏，今天他们决定玩有关"水"部的成语。请你帮忙把有关"水"部且最适当的字，填入各题成语的空格中，看看谁能在最短的时间内完成。

1 一盘散□

2 □水摸鱼

3 □耳恭听

4 两袖□风

6  鱼之殃

5 天涯  角

7 声  俱下

8 过  拆桥

9 换  不换药

10 出淤  而不染

让乾隆皇帝不便秘的烤地瓜

年老的乾隆皇帝得了老年性便秘，排便次数减少，排便又相当痛苦，御医们试过很多珍贵的药材都没有用。有一天，一位小太监偷看到御厨们煮好了菜肴后，把地瓜丢进还有余温的大灶里烤，过了不久，香味四溢。

这时，乾隆正好经过御膳房，一阵浓浓的香气扑鼻而来，他问："是什么东西那么香？"小太监："启禀皇上，这是烤地瓜的香味。"并把烤地瓜呈给乾隆

△烤地瓜　　　　　达志影像（shutterstock）

△地瓜饭

皇帝。

　　乾隆一咬下，立刻惊讶地说："啊！真是太美味了！"后来，乾隆常常吃烤地瓜，老年性便秘的问题也解决了。

地瓜

　　地瓜又被称作甘薯、番薯，它能做成冰凉好喝的地瓜甜汤或暖胃甘甜的地瓜粥。地瓜的膳食纤维和营养都很丰富，除了可以保护视力、预防高血压、抗癌之外，还可以改善便秘喔！

"火" 字部首

　　烤地瓜的"烤"是"火"部，这些"火"部字的字义是不是都有相似的地方呢？让我们来认识它们吧！

烤　将东西用炭火等热源熏熟。

烧　使东西着火，如烧纸。

灯　发光或用来加热东西的器具。

灰　物体燃烧后所剩下的屑末。

灾　水、火等自然或人为祸害的通称。

这些"火"部的文字，你都理解意思了吗？请将正确的字填入空格中。

烤　　烧　　灾　　灰　　灯

1 烧 [　]

2 发 [　]

3 [　] 火

4 幸 [　] 乐祸

5 [　] 尘

6 天 [　] 人祸

7 多 [　] 多难

8 [　] 鸭

9 猜 [　] 谜

10 不费吹 [　] 之力

参加营火晚会

营火晚会开始了！大家围着营火玩游戏，哪个词语表达的含义需要用到火，请你涂上颜色喔！

火焰

萤火虫

火龙果

烧烤

带来好运的牛轧糖

牛轧糖是大人小孩都喜欢的糖果，尤其在逢年过节、喜庆宴会的场合，常拿来招待客人。相传牛轧糖的由来，和一位考生求取功名的故事有关。

五百多年前，有一位认真读书的书生商辂，有一天，他在梦里跪求文昌帝君庇佑自己能金榜题名，供桌上放着笔墨纸砚、一盘花生和麦芽糖。这时文昌帝君一挥手，供桌上的花生便自动去壳飞进麦芽糖里，又瞬间变成好多头牛，朝他冲过来，于是商辂就被吓醒了。

△牛轧糖　　达志影像（Shutterstock）

第二天一早，商辂就去找人解梦，对方听完后连忙恭喜他。因为供桌上的"笔"与"花生"，意谓着"妙笔生花"，表示考试时作答会很顺利。而由花生糖变成的牛朝他冲来，意谓着"获得智慧"。

后来，商辂果真考中状元。当他衣锦返乡时，就将大量的麦芽糖、花生及米，压制成牛状的花生糖，向文昌帝君虔诚地还愿后，分送给大家。

牛轧糖

牛轧糖因为食材、食谱不同，吃起来的口感也大不相同。我们熟悉的牛轧糖主要成分为牛奶，而法式的牛轧糖则多是在蛋白里加蜂蜜或糖制成。

"牛" 字部首

　　牛轧糖的"牛"是"牛"部，让我们来认识这些"牛"部的字吧！

牛	哺乳类反刍动物。

牢	监狱；养牲畜的圈。

牵	拉着、挽着。

物	有形体的东西。

特	与众不同、超出一般的。

这些"牛"部首的字，你都理解它们的意思了吗？请将正确的字填入空格中。

牛　牢　特　物　牵

① ⬜ 奶糖

② ⬜ 写

③ ⬜ 狱之灾

④ 野生动 ⬜

⑤ 顺手 ⬜ 羊

⑥ ⬜ 郎织女

⑦ 亡羊补 ⬜

⑧ 大英博 ⬜ 馆

⑨ 节目 ⬜ 别来宾

⑩ 千里姻缘一线 ⬜

找出牛宝宝

牛宝宝被困在一团线里，现在请你看看这团线，将部首是"牛"的字区块涂上颜色，就能找出牛宝宝喽！

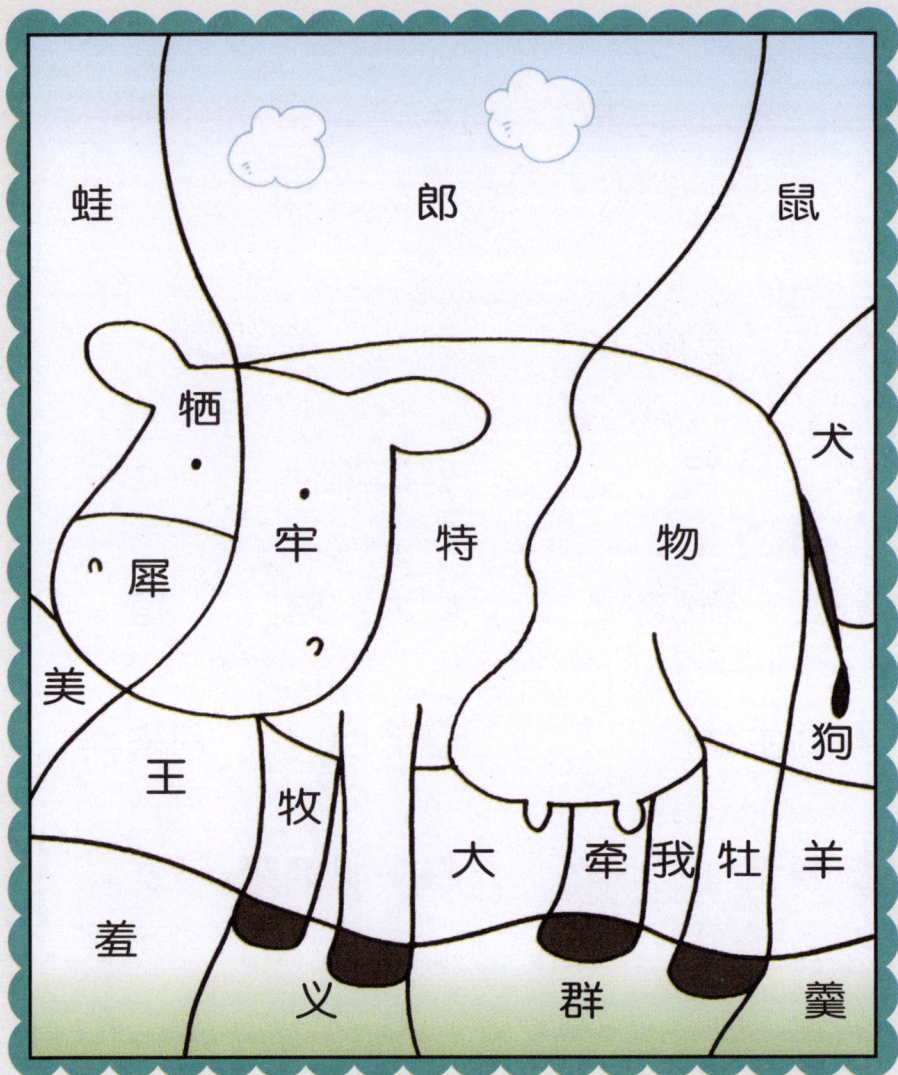

蛙　　　　郎　　　　　鼠

牺

犬

牢　　特　　　物

犀

物

美

狗

王

牧　　　　　羊

大　　牵　我　牡

羞

义　　　　群　　　羹

谁是冒牌货？

下列这些词语并非全部都是真的牛，你能圈出冒牌货吗？

牛顿

黄牛

野牛

牛蒡

吹牛

牛仔裤

水牛

牦牛

天牛

乳牛

蜗牛

牵牛花

治病的 冰糖葫芦

红通通的山楂果或水果串在竹签上，外面裹着晶莹透明的糖衣，就是酸酸甜甜的冰糖葫芦。相传它的由来，与南宋的黄贵妃有关。有一年，宋光宗最宠爱的黄贵妃生病了，她整日没有食欲，即使吃了贵重的药材，病情也毫无起色。

有位民间医生进宫，为她看病后说："贵妃娘娘因为常常吃山珍海味而消化不良，只要用冰糖与山楂熬煮，每餐饭前吃五到十颗，半个月内病就会好了。"

△冰糖葫芦

黄贵妃很喜欢这酸甜的口味，按照这个办法服用后，病就好了，气色重新变得红润，也恢复了往日的食欲，皇帝非常开心，就把金银财宝赏赐给这位民间医生。

后来，这种做法流传到民间，老百姓为了方便计算价格，就把它串起来卖，演变成现在的冰糖葫芦。

△卖糖葫芦　　　达志影像（Shutterstock）

酸酸甜甜的冰糖葫芦

传统的冰糖葫芦是在冬天贩卖的，由于外层的糖浆被低温冻得非常坚硬，所以咬起来像在吃冰。而串在竹签上的山楂，只看其中两个时，像极了"葫芦"的外形，所以称为"冰糖葫芦"。

"米" 字部首

冰糖葫芦的"糖"是"米"部，让我们来认识这些
"米"部的字吧！

粉 细末状的东西。

粒 细小的固体。

粽 用竹叶裹糯米和材料，煮熟吃的食物。

粥 稀饭。

糕 用米、麦或豆类磨成的粉，做成的食物。

糖 有甜味的东西。

这些"米"部首的字，你都理解它们的意思吗？请将正确的字填入空格中。

| 粉 | 粒 | 粽 | 粥 | 糕 | 糖 |

❶ 爽身 ☐

❷ 一 ☐ 米

❸ 麦芽 ☐

❹ 萝卜 ☐

❺ ☐ 炒栗子

❻ 僧多 ☐ 少

❼ ☐ 身碎骨

❽ 生日蛋 ☐

❾ 包 ☐ 子

❿ 皮蛋瘦肉 ☐

米粉

粉碎

糯米饭

粗心

糟糕

糊涂

八宝粥

🍩 **新生报到**

　　米米学校开学了！猜猜看，米小子们会被分到哪个学院？会被分到"能吃"学院的学生，请在他头上画上红色圈圈；"不能吃"学院的学生，请在他头上画上绿色叉叉。

碗粿

精美

冰糖葫芦（米部）

78

浆糊

粉笔

快来上学喽！

肉粽

饭团

豪华的粽子宴会

粽叶的清淡香气，糯米的绵密软滑，加上各种风味迥异的馅料，使端午粽子深受人们喜爱。你知道吗？清朝皇帝还有豪华的粽子宴呢！

一般人吃粽子，一次吃上两三个就够了。但是清朝端午节当天，宫中几乎都是吃粽子。尤其乾隆皇帝面前要摆上一千多个粽子，堆起来就像小山一样！另外，皇后的桌子也要摆上四百个粽子。

皇帝桌上摆出的粽子，大多是赏赐给大臣们的，再加上祭祀拜神用的粽子，以及分给太监、宫女等的粽子。根据记载，端午节当天皇宫所需要的粽子数量大约两千多个，专为皇宫煮饭的御膳房怎么可能忙得过来，因此还得请人来帮忙包粽子。

除了如期包好这么多粽子，厨师还肩负开发新粽子的任务，从食材、香料，甚至大小和形状，每样细节都很谨慎。直到乾隆皇帝满意地点点头，才算是顺利过了这年的端午节呢！

粽子有很多种

粽子依照口味、用料有不同的种类，例如：碱粽、湖州粽、客家粿粽、广东裹蒸粽等。

▲ 客家粿粽　　　▲ 包红豆沙的湖州粽　　　▲ 广东裹蒸粽

"米" 字部首

　　粽子的"粽"是"米"部,让我们来认识这些"米"部的字吧!

米　　去壳的谷类。

粿　　米食做成的点心。

粗　　颗粒较大、长条物横切面较大、不精致。

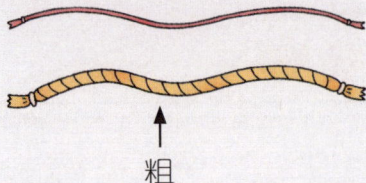

↑
粗

糊　　具有黏性而稠的食物;不清楚。

面糊

精　　心神、意志;详细了解;鬼怪、神灵。

粽子（米部）

这些"米"部首的文字，你都理解它们的意思了吗？请将正确的字填入空格中。

| 米　　粿　　糊　　粗　　精 |

1 ▢ 条

2 芝麻 ▢

3 爆 ▢ 花

4 清明 ▢

5 小 ▢ 灵

6 ▢ 神饱满

7 一塌 ▢ 涂

8 ▢ 心大意

9 脸红脖子 ▢

10 生 ▢ 煮成熟饭

龙王的端午大餐

　　龙王爱吃各式各样用米做的食物，所以端午节一到，他就特别兴奋。你听，他正和虾兵蟹将说，希望在端午节吃到哪些东西呢！

　　小朋友，请你写出下面食物的名称，再把用米做的东西圈出来，就知道龙王可以吃到什么了。

禅宗与羊羹

你吃过"羊羹"吗？为什么吃起来甜甜的羊羹里，一点羊肉也没有，却叫做"羊羹"呢？

相传，羊羹的由来和中国的禅宗有关。禅宗的和尚听说羊肉羹很好吃，但和尚们不能吃肉，就把豆类制成果冻，做成羊的形状。羊的形状不容易做出来，干脆简化成"羊肝"的模样，称为"羊肝饼"，搭配茶水来吃，这就是最早的羊羹。

后来，羊羹随着禅宗传到日本，日语发音的"肝"与"羹"很相近，叫着叫着就成了羊羹。日本人非常喜欢它，不但改良了它的口味，还把它做成瘦瘦长长的形状，方便食用。随着茶道的发展，羊羹逐渐成为一道著名的茶点。

后来，日本人在台湾开糕点店，就把羊羹传到了台湾。

一起来做羊羹

一起动手来做个甜甜的羊羹吧！

❶ 把绿豆和红豆洗干净，分两锅加点水，轮流放进蒸锅里，把豆子蒸熟。

❷ 把砂糖和洋菜粉倒进碗里，用一杯半的水搅拌均匀。

❸ 把调好的洋菜水倒进豆子汤里，用小火慢慢搅拌均匀。

❹ 等汤变凉了，再倒进容器里，放进冰箱冰约一个小时，汤就会结成弹牙的羊羹。

❺ 切成小块，再淋上奶油球，羊羹做好喽！

"羊"字部首

　　羊羹的"羹"是"羊"部，可变形为"⺶"部、"⺷"部，让我们来认识这些"羊"部的字吧！

美 漂亮、好看的。

羞 觉得不好意思。

善 出于好意。

群 同类聚在一起的人或物。

羹 用肉或菜勾芡煮成的浓汤。

羚 哺乳动物，种类很多，角可入药。

这些"羊"部首的字，你都理解它们的意思吗？请将正确的字填入空格中。

美　羞　善　羚　群　羹

① 闭门 ⬜

② ⬜ 中不足

③ 害 ⬜ 之马

④ 闭月 ⬜ 花

⑤ 恼 ⬜ 成怒

⑥ 分一杯 ⬜

⑦ ⬜ 羊

⑧ 日行一 ⬜

⑨ 沙 ⬜

⑩ 三五成 ⬜

羊字部首快上车

嘟嘟嘟，这列"羊"字部首小火车要开动喽！请部首为"羊"的文字快上车。小朋友，请你想一想，哪些字是"羊"字部首呢？帮忙填写在车厢上！如果想不出来，可以利用字典找答案喔！

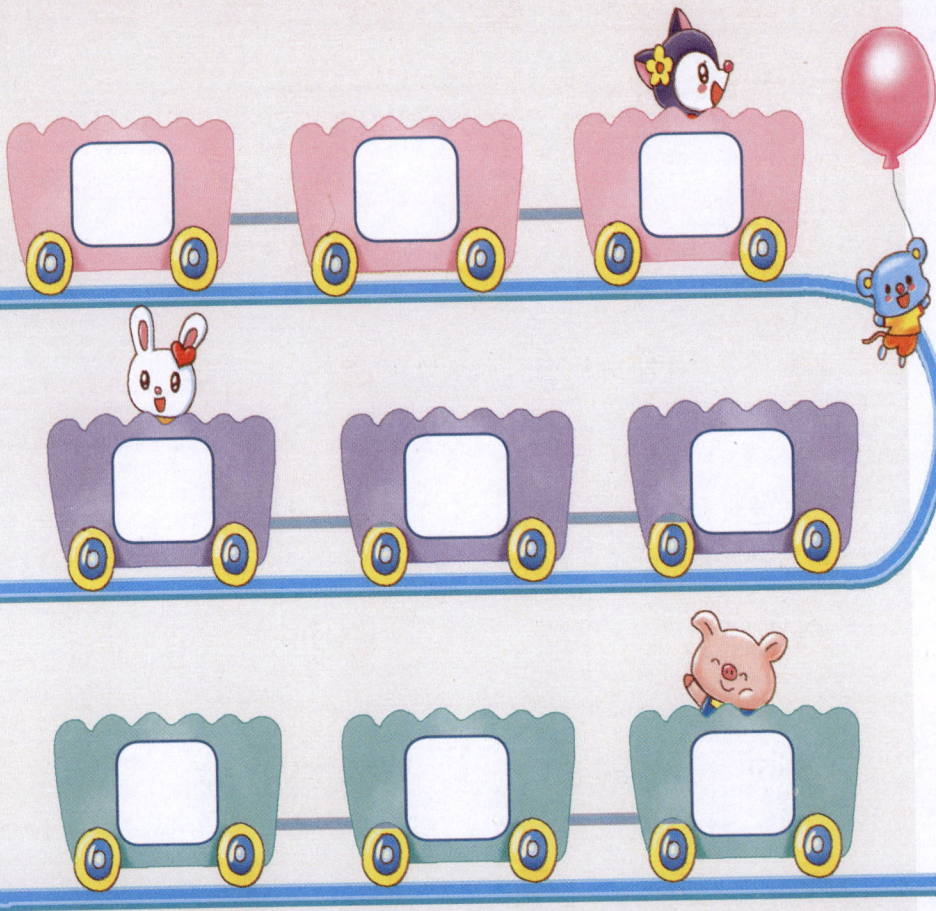

小羊猜字谜

小羊爱猜字谜，下列有几道题目，请你和小羊一起动脑，根据提示把答案填入适当空格中。

| 君 美 羊 群 详 洋 蓄 翔 |

❶ 羊君子 ➡ [ ]

❷ 羊离群 ➡ [ ]

❸ 羊会说话 ➡ [ ]

❹ 羊在水边 ➡ [ ]

❺ 好大的羊 ➡ [ ]

❻ 羊有羽毛 ➡ [ ]

❼ 风吹草低见牛羊 ➡ [ ]

❽ 右边的我是"洋洋得意"，左边的我是"展翅飞翔"，猜猜"我"是谁？

➡ [ ]

朱元璋与腊八粥

中国农历十二月初八，俗称"腊八"，在这一天，很多家庭都会吃腊八粥。腊八粥是由红豆、红枣、桂圆等食材熬煮而成的粥，而因材料不同又有"八宝粥""五味粥"等名称。关于腊八粥的由来有很多。

朱元璋小时候家中很穷，父母送他到一个富翁家去放牛。这位富翁对朱元璋十分不好，经常打骂他，让他饿肚子。有一次他牵着牛过独木桥，没想到老水牛跌到桥下摔断了腿。富翁

△腊八粥

达志影像（Shutterstock）

很生气，就把他关在屋子里不让他吃饭。

当时正值寒冷的冬天，又冷又饿的朱元璋，突然发现角落有个老鼠洞，挖开一看，里面有大米、豆子、红枣等。他就把这些东西煮成一锅粥吃，觉得十分美味可口。

后来朱元璋当皇帝，吃腻了山珍海味。有一天晚上，他又想起当年那锅粥，所以命令厨师用五谷杂粮煮成粥，来宴请各位大臣，这天正是农历腊月初八，所以赐名为"腊八粥"。各位大臣见皇帝吃腊八粥，便纷纷效法，渐渐传到民间。

清朝腊八粥

清朝吃腊八粥是宫廷盛事，皇帝赐给大臣腊八粥，发放米果给寺院。百姓则准备腊八粥祭祀祖先，分赠亲友，表示祝福，又效法佛教寺庙发放粥给穷苦人家。农历腊月初八吃腊八粥，成为大家的习俗。

"月" 字部首

腊八粥的"腊"是"月"部，让我们来认识这些"月"部的字吧！

肚 动物的腹部。

肩 脖子和手臂相连的地方。

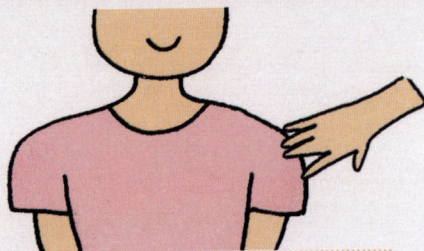

背 胸部的后面，指颈和腰之间；物体的反面或后面。

胸 身体前面脖子以下、腹部以上的部分。

脚 足；器物的底部。

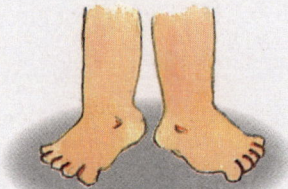

这些"月"部首的字，你都理解它们的意思了吗？请将正确的字填入空格中。

肚　肩　背　胸　脚

① 拍 [　] 脯

② 拉 [　] 子

③ 弯腰驼 [　]

④ 擦 [　] 而过

⑤ 抬头挺 [　]

⑥ 毛手毛 [　]

⑦ 倒 [　] 如流

⑧ 并 [　] 作战

⑨ 临时抱佛 [　]

⑩ 宰相 [　] 里能撑船

小猫咪回家记

　　小猫咪要回家，但是路上有好多大石头，只要在全部的大石头上写下部首为肉的汉字，就能顺利通过喽！请你帮帮小猫咪的忙，让它能顺利回家。

范例

肚

小狮子爱吃肉

小狮子肚子饿了，请你把下列词语中字义为真的可以吃的肉圈起来，当作小狮子的晚餐吧！

肉桂

肉干

肉票

肉麻

牛肉

腊肉

肉眼

肉包

肉感

羊肉

能治病的黑果冻

　　热热的夏天，来碗仙草冰最消暑了，你知道为什么这黑黑的食物叫作"仙草"吗？

　　传说很久以前，山上住着一对贫穷的母子，他们靠种菜养活自己。夏日的某一天，妈妈因为天气炎热而中暑昏倒在田里，儿子听到后急忙将妈妈扶回家，自己又马上跑到深山。

　　他听说山里有一种草药可以治疗中暑，只想赶快找到草药，却没想到自己也因急躁慌乱而中暑昏倒。当他醒来的时候，发现自己全身

△仙草冻

无力地躺在溪旁。正当无计可施时，忽然看到草丛附近的水面上，漂着一种像果冻的东西，样子黑黑、亮晶晶的。他忍不住吃了几口"黑果冻"后，感到神清气爽不再闷热，于是马上拿回家给中暑的妈妈吃。妈妈吃完"黑果冻"后，也恢复活力了。

这对母子将"黑果冻"分享给街坊邻居，大家都惊讶这样黑黑的东西竟然有如此大的功效，所以就称"黑果冻"为仙草。

仙草

仙草喜欢生长在潮湿的坡地或谷沟旁。仙草的茎叶晒干后，可以拿来煮仙草汁，还有人把仙草汁做成方便保存的仙草粉呢！

▲仙草干

"艹" 字部首

　　仙草的"草"是"艹"部，"草"部首的字大多和植物有关，让我们来认识这些字吧！

花 种子植物的繁殖器官。由花瓣、花萼、花托、花蕊组成。

草 高等植物中栽培植物以外的草本植物的统称。

茶 常绿灌木，将嫩叶用微火加热烤干后，可以做成茶叶。

芽 植物初生的苗。

莓 植物名。开小白花，果实称为"草莓"，熟呈红色，味道酸甜，肉质多汁，可生吃或制成果酱。

荷 植物名，多年生草本。叶大而圆，夏天开花。地下茎肥厚有节，称为"藕"，果实称为"莲子"。

这些"艹"部首的文字，你都理解它们的意思吗？
请将正确的字填入空格中。

花　茶　芽　草　莓　荷

① □包蛋

② 粗□淡饭

③ □坪

④ 豆□菜

⑤ 鸟语□香

⑥ □花池

⑦ 麦□糖

⑧ □地

⑨ 百□齐放

⑩ 草□果酱

花园里的草

　　花园里满是盛开的花和草，请你帮帮忙，写出相同部首"艹"的词语共十个！快和你的同学、家人一起动动脑，看看谁写的词语又多又正确。

范例
芬芳

小乌龟探病

小兔子生病了，小乌龟带着小兔子最爱吃的东西去探病，猜猜看那是什么东西？请找出部首是"艹"部的字涂上红色，"竹"部的字涂上绿色，答案就揭晓了！

乡　笛　笔　笨　修

箱　茎　葡　药　莓

空　菜　茧　萝　传

学　油　茶　草

加　芳　花　芬　事

103

连乾隆都点头称好的美食——龙井虾仁

许多美食的名称、典故和地名、特殊的食材有关，"龙井虾仁"就是其一。这个龙井指的是中国浙江名产——龙井茶。龙井茶拌炒虾仁，清香又鲜甜，是一道令人百吃不厌的料理。

△龙井虾仁　　　达志影像（Shutterstock）

据说，乾隆皇帝微服出巡到杭州时，正好是龙井茶的产季，他前往西湖一家小店用餐，点了一道"鲜炒虾仁"。点好菜后，口渴的乾隆皇帝拿出一包龙井茶叶，请店小二泡茶。当乾隆取茶叶时，店小二无意中看见了龙袍，慌忙跑进厨房告诉店主。

当时店主正在炒虾仁，一听到皇帝驾到，竟紧张到将店小二拿进来的龙井茶叶误当成葱段，与炒好的虾仁再拌炒一下，立刻盛盘端出。

据说乾隆皇帝吃下这道菜后赞不绝口，除了滋味迷人，摆在盘中配色也很美：红白之间搭配几抹鲜绿，让人胃口大开，从此之后龙井虾仁就成了此地的名菜了。

龙井茶

龙井茶属于绿茶，温和带有甜味，茶叶在冲泡后可以食用，是中国的十大名茶之一。主要产于浙江中部一带，分为西湖、钱塘、越州三个产区。

"虫" 字部首

　　龙井虾仁的"虾"是"虫"部，让我们来认识这些"虫"部的字吧！

虾 水中甲壳类节足动物，分成头、胸、腹三部位。

蛇 爬虫类动物，身体圆长，没有四肢。

蝶 鳞翅类昆虫，喜欢飞到花朵上采蜜。

蜗 有肺的软体动物，外壳扁圆。头有四个触角，用腹足蠕动前进。

螺 腹足类软体动物。通常藏身于螺旋的硬壳中。

蝉 昆虫名。雄蝉腹部有对发声器，所以会鸣叫。

这些"虫"部首的文字，你都理解它们的意思了吗？请将正确的字填入空格中。

虾　蛇　蝶　蜗　螺　蝉

① 蝴 ☐ 结

② ☐ 旋桨

③ 蝴 ☐ 兰

④ 无壳 ☐ 牛

⑤ 金 ☐ 脱壳

⑥ ☐ 球

⑦ 画 ☐ 添足

⑧ ☐ 兵蟹将

⑨ ☐ 丝起子

⑩ 螳螂捕 ☐ ，黄雀在后

迷糊小蜜蜂

　　蜜蜂的家很像一座迷宫，有一只糊涂的小蜜蜂，采了花蜜之后，竟然找不到要存放花蜜的房间。小朋友，你可以帮这只迷糊小蜜蜂的忙吗？

　　偷偷告诉你：只要沿着部首是"虫"的字走，就能找到存放花蜜的房间喔！

路　恐　故

虹　虎　蚵　虫

　　　　　蜡

蛋　蛇　蛙　举

　　　　　　虾

顶　亮　涂　短　疑

　　　　　　蝉

明　床　蜗　螺

　　　　　乡

　　蝶　瑚

青蛙找朋友

小青蛙喜欢交朋友，请你写出和"蛙"相同部首的词语在荷叶上，让小青蛙开心交朋友！

范例

蝌蚪

郑成功与蚵仔煎

蚵仔煎是台湾著名小吃，用新鲜的牡蛎、茼蒿、鸡蛋及太白粉勾兑芡水制作而成，最早名字为"煎食追"。关于它的由来，可是跟郑成功有关呢！

1661 年，荷兰军队占领台南，郑成功率领军队从台南鹿耳门登陆。郑成功的军队势如破竹，打败荷兰军队。荷兰军队退守到热兰遮城（今安平古堡），并且将台南附近的所有米粮，全部集中到热兰遮城内藏起来。

△虾仔煎

达志影像（Shutterstock）

郑成功军队因为粮食不足，尝试将台南一带沿海地区所盛产的牡蛎，以番薯粉加水和其他谷粉打成浆，混合野菜与当地的海产，煎成饼来吃。

"煎食追"后来演变成"蚵仔煎"。"蚵仔煎"的配方流传到民间后，迅速流行开来。用地瓜粉加水勾芡，煎一煎之后，再加韭菜等身边现有的食材，一道便宜又能吃饱的菜就能端上桌喽！

后来，人们生活条件逐渐改善，能选择的食材变多，加进鸡蛋、蚵仔或墨鱼肉，而成了现在常见的蚵仔煎。

蚵仔就是牡蛎

蚵仔又称为牡蛎、蚝，是台湾产量第一的养殖贝类，因为含有丰富的营养，所以有"海中牛乳"的称号。

 蚵仔煎（虫部）

"虫"字部首

蚵仔煎的"蚵"是"虫"部，让我们来认识这些"虫"部的字吧！

虹 天空中水气经阳光照射而形成彩色弧形。

蛋 鸟类和爬虫类的卵。

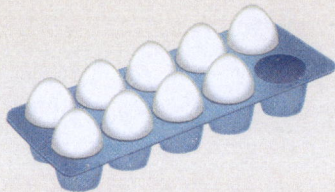

蛙 水陆两栖的脊椎动物。

虫 昆虫的总称。

蚵 牡蛎，又叫"蚝"。

蜡 由动植物中取出的油性物质，做成的原料。

这些"虫"部首的文字，你都理解它们的意思了吗？请将正确的字填入空格中。

虹　蚵　蛋　蛙　虫　蜡

1. ▢烛
2. ▢仔煎
3. 毛毛▢
4. 小树▢
5. 彩▢桥

6. 井底之▢
7. 生日▢糕
8. 雕▢小技
9. 六色▢笔
10. 鸡▢里挑骨头

勇士闯迷宫

萤火虫公主被蝙蝠大盗关在恐怖的洞穴迷宫里，国王马上派出萤火虫勇士去救公主。他们能顺利救出公主吗？

勇士看这里：必须选择部首是"虫"，而且关主是"昆虫"的路径走，才能救到公主喔！

青蛙

蟋蟀

蟑螂

蝴蝶

蜗牛

蜘蛛

蚂蚁

蝙蝠

金龟子

蜜蜂

蜻蜓

螃蟹

蚯蚓

木栅的铁观音

每到节庆假日，都会有许多游客到木栅猫空（位于台北郊外木栅区格头山的西南方地区）喝茶、买茶，其中铁观音茶是最受欢迎的。它拥有千变万化的茶香，从淡淡的花香、蜜香，到浓浓的花果香、熟茶香，香气丰富多样。但你知道铁观音茶的名称由来吗？

两百多年前，福建省安溪县有一个虔诚的佛教徒，名叫魏荫。魏荫家附近有一座供奉观世音菩萨的庙。每天清晨，他都会虔诚地捧着一杯清茶，供奉在观世音菩萨像面前。观世音菩萨被魏荫的诚心感动，便托梦给他，说庙后

△铁观音

116

有一棵茶树要赐给他。第二天，魏荫听从菩萨的指示，来到观世音庙后，果然在一块岩石细缝中发现一棵茶树，魏荫连忙将这棵茶树带回家，种在院子里，细心地照顾。

不久，茶树渐渐长大，魏荫摘取嫩芽去制茶，做出来的茶异常甘美，而且香味独特。

魏荫感念观世音菩萨赐茶的恩惠，就将它命名为"观音茶"；又因为冲泡出来的茶水色泽很深，颜色像铁一样，又改名为"铁观音"。

铁观音茶

台湾铁观音茶的起源，据说是 1895 年，由张氏祖先从福建安溪带来的。最早在新北市的新店区种植，之后迁移到木栅樟湖山。

"见" 字部首

　　铁观音茶的"观"是"见"部，"见"部首的字大多和眼睛相关，让我们来认识这些字吧！

视 看、观察。

览 看。

觅 寻找、寻求的意思。

规 画圆的工具。

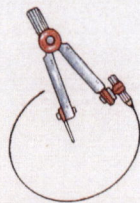

观 察看、审视。

这些"见"部首的文字，你都理解它们的意思吗？请将正确的字填入空格中。

视　　觅　　规　　览　　观

❶ 旁 [　] 者清

❷ 电 [　] 新闻

❸ 中 [　] 中矩

❹ 蚂蚁 [　] 食

❺ [　] 光果园

❻ 展 [　]

❼ 袖手旁 [　]

❽ 虎 [　] 眈眈

❾ 明文 [　] 定

❿ [　] 胜

部首花开了

　　"见"字的部首花要开了，你能根据下面中心的字，各在这些字的四周花瓣空格里填上九个部首为"见"的字，再根据第二围的汉字，于最外围的空格里，填写上词语。

另类视力测验

这是一个特别的"视力测验"，请你根据提示，将适当的词语填入空格。

见闻　规矩　大眼　观光　游览车
觉得　电视

❶ 小明长得浓眉 ☐ ☐ ，做事有 ☐ ☐ ，从不惹事生非。

❷ 出国 ☐ ☐ 可以增广 ☐ ☐ ，了解世界各国文化。

❸ 爸爸 ☐ ☐ 现在的 ☐ ☐ 节目很无聊。

❹ 这个周末，母亲带着我搭 ☐ ☐ ☐ 出门游玩。

刘安与豆腐、豆花

　　汉朝的淮南王刘安很孝顺父母亲。有一天，他的母亲生病了，告诉刘安她好想吃最爱的黄豆！

　　刘安就将黄豆泡水磨成汁，并且放一些盐巴，增加味道煮成豆浆。没想到，黄豆浆冷了之后，竟然凝结成块状。

　　刘老夫人原本因为生病不想吃东西，但是闻到豆浆的清香，就忍不住吃了一口，这绵滑的口感，让她食欲大开，开始吃东西，身体也渐渐康复。

△豆花

后来医生又开了石膏治病，因此，刘安又试着将石膏加入黄豆浆，没想到，盐与石膏都可以使黄豆浆凝结成块。刘安就将这冻状豆浆取名为"豆腐"，并将制作方法传承下来。后来又因料理手法不同，而逐渐分成"豆腐"及"豆花"两种。

△豆腐

有营养的黄豆

黄豆营养高，容易取得又好烹煮，吃一口，把满满的健康和美味吃进肚子里。黄豆磨一磨，煮一煮，成了美味的豆浆；豆浆慢慢加入盐卤，变嫩滑豆花；压一压水分，成入口即化的豆腐；蒸煮后再下油锅炸，变成香脆的豆皮。

▲ 黄豆

🍩 "豆" 字部首

　　豆腐和豆花的 "豆" 是 "豆" 部，让我们来认识这些 "豆" 部的字吧！

豇　指豇豆，一年生草本植物。茎蔓生，豆荚长条形。嫩荚和种子可食。

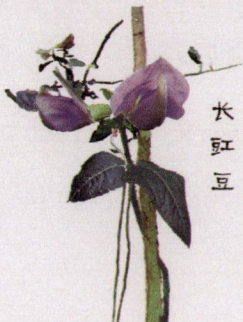

长豇豆

豌　一种植物，结实成荚，嫩荚、种子及嫩茎叶都可吃。

豉　豆豉，食品，把黄豆或黑豆泡透蒸熟或煮熟，经过发酵而成。

䜱　堤坝下面排水、灌水的口子；横穿河堤的水道。

这些"豆"部首的文字，你都理解它们的意思了吗？请将正确的字填入空格中。

豇　　　豌　　　豉　　　剅

1 豆

2 豆红

3 酒

4 长豆

5 豆糕

6 口

7 豆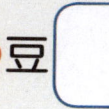

8 曲

9 羹

10 豆苗

豆字词串丸子

　　丰盛的豆字部首丸子端上桌喽！请你造出下列文字的词语。

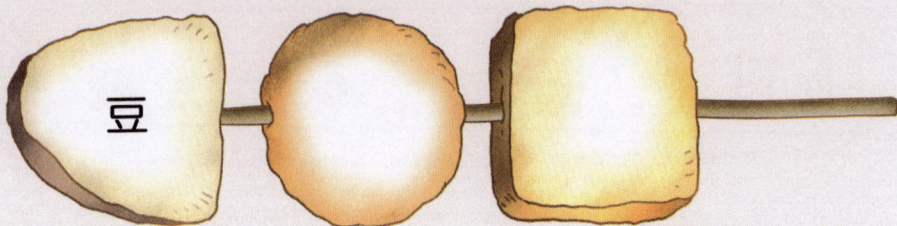

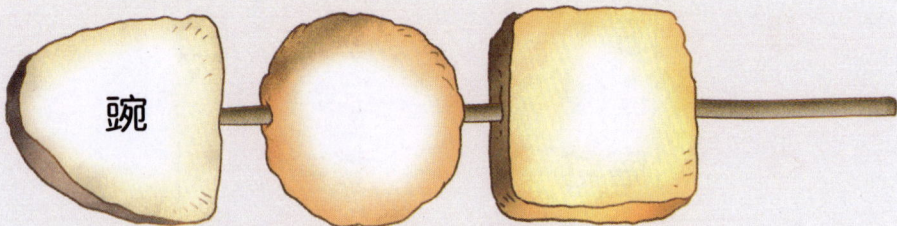

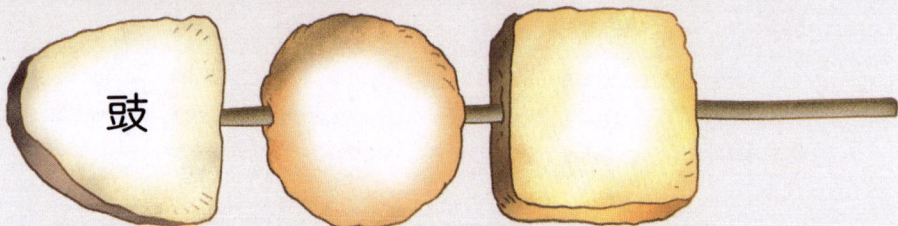

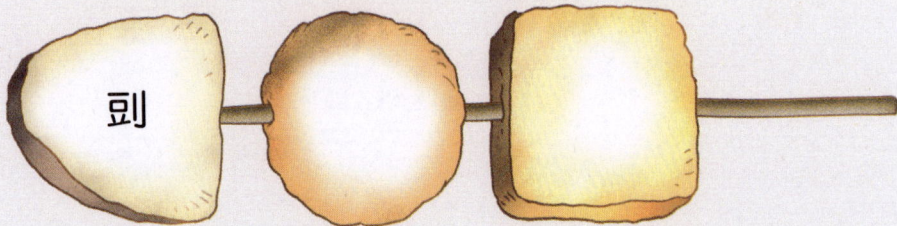

豆　◯　▢

豌　◯　▢

豉　◯　▢

剅　◯　▢

好豆上桌

开饭喽！请你把可以吃的豆类食物填进餐桌的空格中，就可以开动喽！

制作贡丸表孝心

贡丸是一种常出现在餐桌的食材，不论是简单的贡丸汤、火锅里的配料，还是烧烤的食材等，贡丸既能做为料理的主角，也是很称职的配角。

因为做成圆滚滚的形状，不少小朋友在初尝贡丸时，喜欢用筷子或竹签串起它，享受它的弹性和咀嚼时的肉香充满在口中。

现在我们统称这样圆圆的食材为丸子，用鱼肉制成的称为鱼丸，墨鱼泥做成的是墨鱼丸，也有牛肉做成的牛肉丸，至于贡丸则是指猪肉做成的丸子。

这些丸子都很容易咀嚼，丸子里头不会有

△贡丸

较坚硬的食材，据说这正是一位孝子为了让家中长辈安心吃猪肉，所想出的烹饪方式。

在福建的一个小村庄里，有位叫做盂波的男子，因为家里的长辈年事已高，虽然很爱吃猪肉却常常苦于咬不动猪肉里较硬的部分，于是盂波花许多力气挑去猪肉骨头和筋，再用工具不停地捣碎猪肉，直到猪肉成为泥状，再调味和加入能凝聚肉末的食材，最后捏成圆圆的形状加入滚水中定型。

盂波的孝心确确实实传达出来了，他做出来的猪肉丸子不只家人喜欢，尝过的人都说好，这个制作丸子的方式就这么流传下来，而在台湾，因为制作过程中"捣"的动作很类似闽南语发音的"扛"，久而久之在台湾的百姓就称猪肉丸为贡丸了。

"贝" 字部首

贡丸的"贡"是"贝"部，在发明钱币以前，古人以"贝壳"为货币，因此"贝"部的字多和钱财有关。让我们来认识这些"贝"部的字吧！

贝 有壳的软体动物，例如：蛤、蚌、螺等。

财 有价值东西的总称。

贴 黏上去；靠近；安排妥当；补助。

贼 偷取财物的人。

账 账物出入的记录。

贵 价格高、价值大；地位优越。

这些"贝"部首的字，你都理解它们的意思了吗？请将正确的字填入空格中。

贝　财　贴　贼　账　贵

1 ☐号

2 海☐王

3 ☐神爷

4 剪☐簿

5 ☐纸

6 心肝宝☐

7 ☐妃

8 ☐重

9 ☐单

10 人为☐死，
鸟为食亡

贝字朋友多

　　"贝"字的朋友很多喔！只要贝字和其他朋友在一起，就会成为另一个字呢！现在请你动脑想一想，看看贝字有多少朋友呢？

举例　贝 + 才 = 财

① 贝 + ☐ = ☐　⑥ 贝 + ☐ = ☐

② 贝 + ☐ = ☐　⑦ 贝 + ☐ = ☐

③ 贝 + ☐ = ☐　⑧ 贝 + ☐ = ☐

④ 贝 + ☐ = ☐　⑨ 贝 + ☐ = ☐

⑤ 贝 + ☐ = ☐　⑩ 贝 + ☐ = ☐

来玩扭蛋机

这台扭蛋机真特别，只要把部首是"贝"的文字涂上颜色，扭蛋就属于你的了。

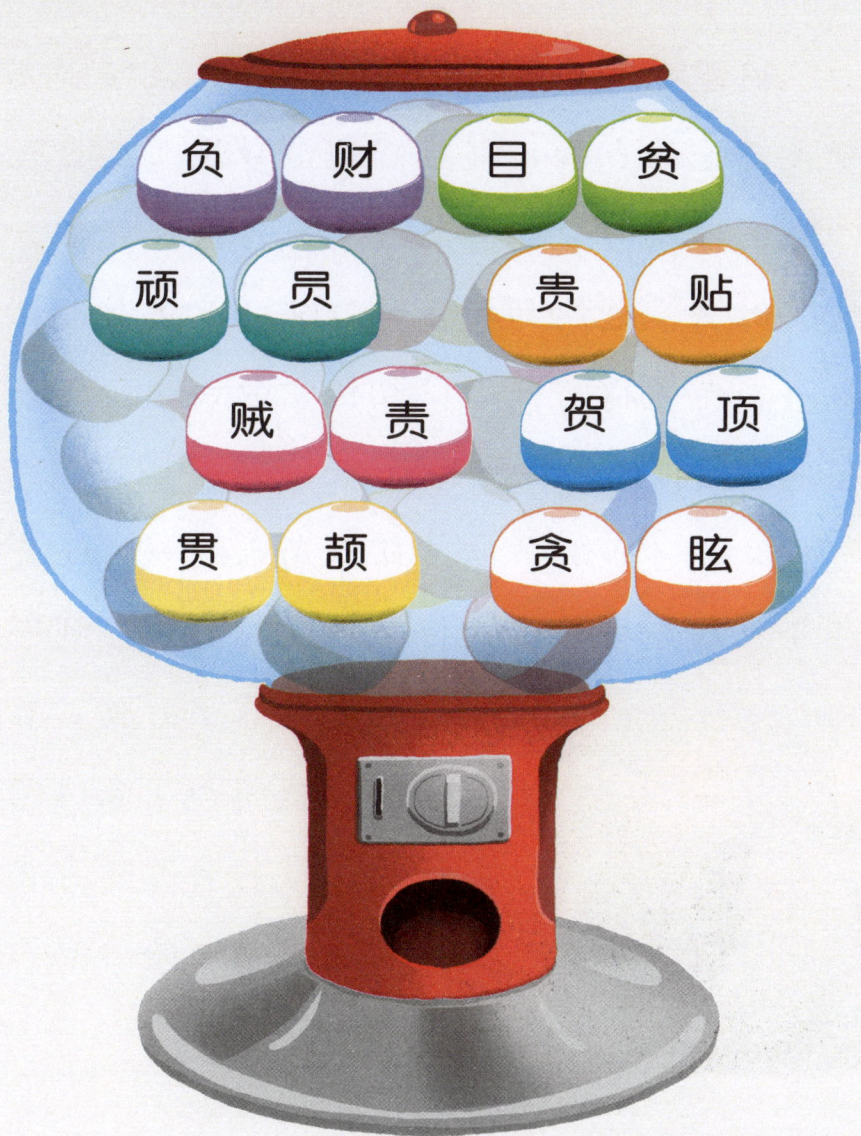

负　财　目　贫

顽　员　贵　贴

贼　责　贺　顶

贯　颉　贪　眩

感恩的铜锣烧

铜锣烧是日本著名的甜点，也是哆啦A梦最爱吃的点心。刚煎好的铜锣烧面皮香气四溢，松软可口；内馅还能自行搭配变化，除了红豆，也能加入各种口味的冰淇淋，让每个人都吃得好开心！相传它的由来，与一位感恩图报的武将有关。

江户时代的早期，日本尚未统一，还是连年征战。有一位武将在打仗时受伤，到一户百姓家里疗伤。后来，武将为了表达谢意，就将自己随身携带的铜锣送给这户人家。

△铜锣烧　　　　　　达志影像（Shutterstock）

铜锣，顾名思义是用金属铜所制成，在军队中能够利用它所发出的声响发号军令、互通信息或震慑敌人。这户人家只是平民百姓，铜锣自然没有以上的用途，但铜可是许多锅具的原料，非常适合加热，于是他们把这铜锣当作平底锅，放上面糊做成饼皮，其中再加入豆沙馅料，拿到市场贩售，独特的造型和口感很快就造成轰动，也因此流传下来。

正因为这是一道使用铜锣制成的甜点，因此就取名为铜锣烧，没想到无心插柳的一个想法，创造了一道著名的甜点呢！

丰富的铜锣烧内馅

传统的铜锣烧是以红豆沙为内馅，而现在铜锣烧有各式各样的内馅，可以使用布丁、鲜奶油、果酱、麻糬、冰淇淋等食材，制作完成后立刻放进冰箱，吃起来更清凉爽口。

"金" 字部首

铜锣烧的"锣"是"金"部，让我们来认识这些"金"部的字吧！

钉 由钢铁或竹木做成，为尖头细长形，可贯穿物体，让物体结合更牢固。

铃 一种金属制的中空器具。内置铁舌或铁丸，摇动时因相互撞击发出清脆的响声。

钮 扣住衣服的东西；器物上的开关。

铅 一种金属元素，在工业上的用途很多，可制成很多东西。

铁 一种金属元素，黑色有光泽，容易导电传热，质地坚硬。

锣 乐器名，铜制的浅平圆盘，用槌敲击发声。

这些"金"部首的字，你都理解它们的意思了吗？请将正确的字填入空格中。

| 钉 铃 钮 铅 铁 锣 |

1 螺丝 ☐

2 ☐ 笔盒

3 马 ☐ 薯

4 衣服 ☐ 扣

5 紧 ☐ 密鼓

6 火警警 ☐

7 无 ☐ 汽油

8 破铜烂 ☐

9 电梯按 ☐

10 恨 ☐ 不成钢

拯救灰姑娘

皇宫的舞会即将开始了，灰姑娘的后妈不想让她参加，故意把一堆东西倒在地上，要求灰姑娘在舞会结束前把部首同为"金"字的词语填写进篮子里，你能帮帮她吗？

玻璃

珊瑚

银针

铁钉

金锁

花蕊

铜锣

钢铁

138

果树

铜镜

珍珠

金钱

钟表

森林

铃铛

铁锅

香辣味的宫保鸡丁

在清朝咸丰年间，贵州有一个叫做丁宝桢的人，他曾任许多官职，功绩卓著，而被封为"东宫少保"，当时人们都尊称他为"丁宫保"。

传说，在丁宝桢刚开始担任四川总督时，许多地方士绅都争着请他吃饭。有一次，有位主人将嫩鸡丁搭配当地特有的干辣椒炒成一道菜，请丁宝桢品尝。这道菜的口感鲜嫩且浓

香麻辣，让丁宝桢十分赞赏，便询问主人菜名，主人答说："这道菜是专门为您做的，还没命名，请宫保赐个名字如何？"丁宝桢开心地答应说："就叫宫保鸡丁吧！"

△宫保鸡丁

从此之后，丁宝桢每次回到故乡时，亲朋好友都会准备这道名闻遐迩的"宫保鸡丁"来迎接他，这就是这道菜的由来。

香辣鲜嫩的宫保鸡丁

宫保鸡丁是四川传统名菜，由鸡丁和干辣椒炒制而成。由于其鸡肉鲜嫩且入口香辣，广受大众欢迎。

"鸟" 字部首

宫保鸡丁（鸟部）

宫保鸡丁的"鸡"是"鸟"部，"鸟"部首的字大多和鸟类有关，让我们来认识这些字吧！

鸡 家禽名。头部有红色肉冠。翅膀短，不能高飞。

鸳 指鸳鸯。水鸟，比鸭小，栖池沼上，雌雄相伴而行。

鹅 家禽名。头大，喙扁阔，颈长，尾短。羽毛为白色或黑色。

鸥 鸟名。善飞，能游水，常随潮而翔，以鱼、螺为食。

鸭 家禽名。嘴扁腿短，趾间有蹼，善游泳。

这些"鸟"部首的文字，你都理解它们的意思了吗？请将正确的字填入空格中。

鸡　　鸳　　鹅　　鸥　　鸭

① ☐ 鸯

② 天 ☐

③ 海 ☐

④ ☐ 梨

⑤ 闻 ☐ 起舞

⑥ ☐ 鸿

⑦ ☐ 同鸭讲

⑧ 鹤立 ☐ 群

⑨ ☐ 卵石

⑩ 野 ☐

母鸡要孵蛋

母鸡们要孵蛋，现在请你根据提示，将部首为"鸟"的汉字，写在每只母鸡身上，再想想和这个字有关的一组词语，分别写在鸡蛋上。

鸡

鸠　鸭　鹅　鸳　鸥　鹤
鸡　鹏　鸿　鸵　莺　鸦

肉汁鲜甜的狮子头

隋朝时，隋炀帝杨广带着妃子们和手下，乘着大船沿着运河南下，到繁荣的江南游玩。杨广回到宫殿后，对扬州的美景念念不忘，于是吩咐厨师制作四道能代表扬州的美景的菜肴，其中一道叫作"葵花斩肉"，是用切成碎肉的肉丸子做成葵花芯的样子，再用蔬菜装饰肉丸，这道菜看起来就像一朵葵花。杨广品尝"葵花斩肉"后，大为称

赞，这道菜就成了扬州代表菜之一，一直流传到了唐代。

有一次，唐代官员郇国公请客，吩咐厨师做这道扬州名菜，客人看到"葵花斩肉"像狮子的头，便称赞郇国公就像狮子一般雄壮威武，郇国公听了十分高兴，就把"葵花斩肉"改名叫"狮子头"。

△狮子头
达志影像（Shutterstock）

肉汁鲜甜的狮子头

　　"狮子头"有不同烹饪方法，我们常见的是加入酱油的红烧狮子头或口味较清淡的清蒸狮子头，不论哪种都很下饭！

"犭" 字部首

红烧狮子头的"狮"是"犭"部，"犭"部首的字大多和动物有关，让我们来认识这些"犭"部首的字。

狐 哺乳动物名。三角耳，毛赤黄。昼伏夜出，性多疑。

狗 哺乳动物名，重要家畜之一。性灵敏，为狼近亲。

狼 哺乳动物名。似狗而大，昼伏夜出，多群居。

猿 哺乳动物，与猴相似，颊下没有囊，没有尾巴。

猎 捕捉禽兽，打猎；搜寻；物色。

这些"犭"部首的文字，你都理解它们的意思了吗？
请将正确的字填入空格中。

| 猿 | 狗 | 狐 | 狼 | 猎 |

1 ☐ 猴

2 ☐ 物

3 ☐ 烟

4 哈巴 ☐

5 ☐ 疑

6 ☐ 狈为奸

7 ☐ 人

8 ☐ 狸

9 打 ☐

10 ☐ 皮膏药

部首魔法帽

"犭"字家族的字只要通过部首魔法帽，就能把身上的"犭"换成另一个部首，请你根据提示，猜猜看它们各自换成了什么部首？

狮子头（犭部）

猫　蛳　狸　狗　猎　猜　狂　狼

❶ 狮 ➡ 蛳 ，换了 ☐ 部首

❷ 猎 ➡ ☐ ，换了 ☐ 部首

❸ 狼 ➡ ☐ ，换了 ☐ 部首

❹ 狗 ➡ ☐ ，换了 ☐ 部首

⑤狸 ➡ [   ] ，换了 [   ] 部首

⑥猫 ➡ [   ] ，换了 [   ] 部首

⑦猜 ➡ [   ] ，换了 [   ] 部首

⑧狂 ➡ [   ] ，换了 [   ] 部首

解　答

P.5 ❶丢垃圾　❷地下室　❸七巧板

❹七上八下　❺三言两语　❻丢人现眼

❼天天向上　❽天下父母心　❾更上一层楼

❿不管三七二十一

P.6 ❷十　❸丁　❹∥　❺一（重叠）　❻卜

❼乚　❽八　❾丄　❿刂

P.7 ❶王　❷乒、乓　❸玉　❹大　❺令

❻生　❼百　❽本　❾正　❿丢

P.11 ❶乱七八糟　❷哺乳动物　❸孔方兄

❹街头乞丐　❺九霄云外　❻向人乞讨

❼无孔不入　❽乳臭未干　❾快刀斩乱麻

❿九牛二虎之力

P.13

（造词解答仅供参考）

P.17 ❶至圣先师　❷儿童乐园　❸一元复始

❹充耳不闻　❺先入为主　❻光天化日

❼滥竽充数　❽兄友弟恭　❾行行出状元

❿四海之内皆兄弟

P.18—19

P.23 ❶救生圈　❷圆形　❸妙手回春　❹儿童乐园

❺生活困苦　❻尽快回电　❼芝麻汤圆

❽平行四边形　❾国家公园　❿四通八达

P.24

P.25 ❶困　❷回

P.29 ❶小舅妈　❷三姑六婆　❸媒婆　❹两姐妹

❺女娃儿　❻妈祖　❼男婚女嫁

❽苦口婆心　❾指腹为婚　❿表姐

P.30 女士专用：端庄、贤慧、贤淑、柔顺、婉约

男士专用：英俊、潇洒、阳刚、挺拔、英挺、

雄壮

不分性别：体贴、秀气、温柔、细腻

P.31 子＋女＝好；未＋女＝妹

波＋女＝婆；少＋女＝妙

也＋女＝她；马＋女＝妈

P.35　❶临时抱佛脚　❷摩拳擦掌　❸搅拌器
　　　❹拿手绝活　❺孤掌难鸣　❻秋风扫落叶
　　　❼甘拜下风　❽打抱不平　❾十拿九稳
　　　❿拜师学艺

P.36—37

P.41　❶望远镜　❷服务生　❸小礼服
　　　❹呼朋引伴　❺东张西望　❻活泼开朗
　　　❼有朝一日　❽月下老人　❾高朋满座
　　　❿日月精华

P.42　朋、期、朗、朝、朦、服

P.43　朝、服、朗、朋、期、肚、腊、脚

P.47　❶高枕无忧　❷登山杖　❸杯弓蛇影　❹轮椅
　　　❺摇椅　❻马克杯　❼枯木生花　❽抱枕
　　　❾拐杖　❿枯萎

P.48—49

P.53　❶拖泥带水　❷清洗衣服　❸四神汤　❹哭泣
　　　❺家贫如洗　❻绞尽脑汁
　　　❼跳进黄河也洗不清　❽泡汤　❾果汁机

❿泣不成声

P.54—55

（答案仅供参考）

P.59　❶淡水河　❷气泡　❸沙坑　❹喷水池
　　　❺鱼池　❻聚沙成塔　❼泪眼汪汪
　　　❽泡沫红茶　❾力争上游　❿井水不犯河水

P.60—61　❶一盘散沙　❷混水摸鱼　❸洗耳恭听
　　　❹两袖清风　❺天涯海角　❻池鱼之殃
　　　❼声泪俱下　❽过河拆桥　❾换汤不换药
　　　❿出淤泥而不染

P.65　❶烧烤　❷发烧　❸烧火
　　　❹幸灾乐祸　❺灰尘　❻天灾人祸
　　　❼多灾多难　❽烤鸭　❾猜灯谜
　　　❿不费吹灰之力

P.66—67　火焰、烧烤、燃烧、火把

P.71　❶牛奶糖　❷特写　❸牢狱之灾
　　　❹野生动物　❺顺手牵羊　❻牛郎织女
　　　❼亡羊补牢　❽大英博物馆　❾节目特别来宾
　　　❿千里姻缘一线牵

解 答

P.72

P.73 牛顿、牛蒡、牛仔裤、天牛、蜗牛、吹牛、牵牛花

P.77 ❶爽身粉 ❷一粒米 ❸麦芽糖 ❹萝卜糕 ❺糖炒栗子 ❻僧多粥少 ❼粉身碎骨 ❽生日蛋糕 ❾包粽子 ❿皮蛋瘦肉粥

P.78—79

P.83 ❶粿条 ❷芝麻糊 ❸爆米花 ❹清明粿 ❺小精灵 ❻精神饱满 ❼一塌糊涂 ❽粗心大意 ❾脸红脖子粗 ❿生米煮成熟饭

P.84—85

P.89 ❶闭门羹 ❷美中不足 ❸害群之马 ❹闭月羞花 ❺恼羞成怒 ❻分一杯羹 ❼羚羊 ❽日行一善 ❾沙羚 ❿三五成群

P.90 美、羚、羞、羔、善、群、羡、羲（答案仅供参考）

P.91 ❶群 ❷君 ❸详 ❹洋 ❺美 ❻翔 ❼蕃 ❽羊

P.95 ❶拍胸脯 ❷拉肚子 ❸弯腰驼背 ❹擦肩而过 ❺抬头挺胸 ❻毛手毛脚 ❼倒背如流 ❽并肩作战 ❾临时抱佛脚 ❿宰相肚里能撑船

P.96 肩、背、脚、脸、肯、胖、胎、胞、脆、能、肠（答案仅供参考）

P.97 肉干、牛肉、腊肉、肉包、羊肉

P.101 ❶荷包蛋 ❷粗茶淡饭 ❸草坪 ❹豆芽菜 ❺鸟语花香 ❻荷花池 ❼麦芽糖 ❽草地 ❾百花齐放 ❿草莓果酱

P.102 芭蕉、芙蓉、芳草、茶花、草莓、花苞、芹菜、茅草、荷花、菊花、落叶、萝卜（答案仅供参考）

P.103

P.107　❶蝴蝶结　❷螺旋桨　❸蝴蝶兰

❹无壳蜗牛　❺金蝉脱壳　❻虾球

❼画蛇添足　❽虾兵蟹将　❾螺丝起子

❿螳螂捕蝉，黄雀在后

P.108

P.109　蝴蝶、蚯蚓、蚱蜢、蜈蚣、蛤蜊、蜻蜓、蜥

蜴、蝙蝠、蝗虫、蚂蚁、蟋蟀、蟑螂、螳螂

（答案仅供参考）

P.113　❶蜡烛　❷蚵仔煎　❸毛毛虫

❹小树蛙　❺彩虹桥　❻井底之蛙

❼生日蛋糕　❽雕虫小技　❾六色蜡笔

❿鸡蛋里挑骨头

P.114—115

P.119　❶旁观者清　❷电视新闻　❸中规中矩

❹蚂蚁觅食　❺观光果园　❻展览

❼袖手旁观　❽虎视眈眈　❾明文规定

❿览胜

P.120

（答案仅供参考）

P.121　❶大眼、规矩　❷观光、见闻

❸觉得、电视　❹游览车

P.125　❶豌豆　❷豇豆红　❸豉酒　❹长豇豆

❺豌豆糕　❻剅口　❼豆豉

❽曲豉　❾豉羹　❿豌豆苗

P.126　豆——豆腐、豆花；豌——豌豆、豌豆糕；

豉——曲豉、豉酒；剅——剅嘴、剅口（答

案仅供参考）

P.127　豆腐、豆花、豆浆、绿豆汤、豆沙包、豆

干、红豆饼、豌豆（答案仅供参考）

155

解 答

P.131　❶账号　❷海贼王　❸财神爷　❹剪贴簿
　　　　❺贴纸　❻心肝宝贝　❼贵妃
　　　　❽贵重　❾账单
　　　　❿人为财死，鸟为食亡

P.132　❶贝＋占＝贴　❷贝＋工＝贡
　　　　❹贝＋反＝贩　❹贝＋化＝货
　　　　❺贝＋今＝贪　❻贝＋加＝贺
　　　　❼贝＋口＝员　❽贝＋曾＝赠
　　　　❾贝＋长＝账　❿贝＋易＝赐
　　　　（答案仅供参考）

P.133

P.137　❶螺丝钉　❷铅笔盒　❸马铃薯
　　　　❹衣服钮扣　❺紧锣密鼓　❻火警警铃

❼无铅汽油　❽破铜烂铁　❾电梯按铃
❿恨铁不成钢

P.138—139　银针、金钱、铁锅、铜镜、钟表、铁
　　　　钉、铃铛、钢铁、金锁、铜锣

P.143　❶鸳鸯　❷天鹅　❸海鸥
　　　　❹鸭梨　❺闻鸡起舞　❻鸳鸿
　　　　❼鸡同鸭讲　❽鹤立鸡群　❾鹅卵石
　　　　❿野鸭

P.144—145

（答案仅供参考）

P.149　❶猿猴　❷猎物　❸狼烟
　　　　❹哈巴狗　❺狐疑　❻狼狈为奸
　　　　❼猿人　❽狐狸　❾打猎　❿狗皮膏药

P.150—151　❶蚰、虫　❷借、亻　❸粮、米
　　　　❹拘、扌　❺理、王　❻喵、口
　　　　❼菁、艹　❽汪、氵